LE DROIT

AUX

ALLOCATIONS

Allocations Militaires et Civiles
Allocations aux Réfug...
Allocations de Chômage

PAR

E. RICHE & H. MENUELLE

PARIS

LIBRAIRIE PAYOT ET Cⁱᵉ

106, BOULEVARD SAINT-GERMAIN, 106

1916

Tous droits réservés

<u>50 CENT.</u>

LE DROIT

AUX

ALLOCATIONS

Allocations Militaires et Civiles
Allocations aux Réfugiés
Allocations de Chômage

PAR

E. RICHE & H. MENUELLE

PARIS

LIBRAIRIE PAYOT ET Cie

106, BOULEVARD SAINT-GERMAIN, 106

—

1916

Tous droits réservés

50 CENT.

AVANT-PROPOS

—

Dès le lendemain de la mobilisation, alors que les hommes partaient pour rejoindre leurs dépots, le Gouvernement dut songer aux femmes et aux enfants à l'existence desquels subvenaient les mobilisés : c'est ainsi que fut votée la loi du 5 août 1914 qui institua le régime des allocations militaires.

Après les premières batailles, nos armées, malgré leur vaillance, dominées par le nombre, durent céder du terrain. Plusieurs départements furent envahis. Des milliers de nos compatriotes pour échapper au joug des Allemands, abandonnèrent tout ce qu'ils possédaient et refluèrent vers l'intérieur de la France. A ceux-là aussi, — les réfugiés — il fallutvenir en aide.

D'autre part, dès la mobilisation, la plupart des usines, des fabriques, des maisons de commerce avaient fermé leurs portes et des milliers de travailleurs s'étaient trouvés dans l'impossibilité de gagner leur vie ; pour ces chômeurs involontaires, la création d'une allocation spéciale s'imposa également : le ministre de l'Intérieur y pourvut.

Dans chacun de ces cas, il fallut tout créer ; des lacunes étaient inévitables : on les combla à coups de circulaires. Mais, préfets et commissions nommées par eux, finirent par ne plus s'y reconnaître. Les interprétations de la pensée du Gouvernement varièrent.

Pour arriver à obtenir l'unifortunité dans les décisions, le Gouvernement institua une *Commission supérieure des Allocations* le 23 décembre 1914. Au bout de deux mois, le nombre des dossiers était tel que celui des membres de la commission fut porté de 31 à 50, celui des sections et des rapporteurs doublé. Ce ne fut point suffisant encore. Le 19 mars 1915, le nombre des membres de la commission fut élevé à cent. Plus de trente mille dossiers étaient alors en souffrance.

Comment, dans ces conditions, ceux qui ont droit à une allocation peuvent-ils être exactement renseignés par les mairies, les bureaux auxquels ils s'adressent, puisqu'il y a encore à l'heure actuelle tant de contestations ?

Préciser ces droits, tant pour les allocations militaires et civiles qui, seules, relèvent de la Commission supérieure, que pour les allocations aux réfugiés et les allocations de chômage, c'est répondre à la préoccupation de milliers et de milliers de personnes. C'est le but que nous nous sommes proposé.

———

PREMIÈRE PARTIE

Les allocations militaires,

CHAPITRE PREMIER

Les principes.

Le but de la loi. — La pensée du Gouvernement et du législateur a été très heureusement définie par la phrase suivante, extraite d'une note, adressée de Bordeaux, le 17 octobre 1914, aux préfets de France et d'Algérie, par les ministres de l'Intérieur, de la guerre et des finances :

« Il ne faut pas qu'un seul des vaillants soldats de
« France, qui versent chaque jour leur sang pour la
« Patrie, puisse avoir un instant cette pensée que la fa-
« mille laissée au foyer natal est privée de ce qui lui
« est nécessaire pour vivre. Nous avons le devoir de
« libérer leur esprit d'un pareil souci. »

La loi. — La loi du 5 août 1914 a un seul article. Il est ainsi conçu :

« Les familles des militaires de l'armée de terre et de
« mer appelés ou rappelés sous les drapeaux, qui rem-
« plissent les devoirs de soutiens indispensables de fa-
« mille, auront droit, sur leur demande, à une allocation
« journalière de 1 fr. 25 avec majoration de 50 centimes
« par enfant âgé de moins de seize ans à la charge du
« soutien de famille. Ces allocations seront fournies
« par l'Etat pendant toute la durée de la guerre, quel
« que soit le sort du militaire, dans des conditions qui
« seront déterminées par décret. »

QUI A DROIT A L'ALLOCATION ?

Les allocations et majorations sont dues indistincte-ment à toutes les familles nécessiteuses dont les *mobi-lisés* étaient les soutiens indispensables avant le début des hostilités, que ces mobilisés appartinssent avant la guerre à l'armée active ou à la réserve ou 'à la territoriale. (*Circulaire interministérielle du 22 août 1914.*)

Ainsi, le bénéfice de la loi doit être accordé à toutes les familles nécessiteuses, c'est-à-dire à celles que *le départ* d'un de leurs membres a privées de leurs moyens d'existence. Doivent donc être écartées les demandes des familles dont les moyens d'existence auront été réduits, mais restent cependant suffisants, ou dont le bien-être seulement aura été supprimé.

Cette appréciation devra toutefois être faite avec un large esprit d'humanité et le doute devra bénéficier au pétitionnaire. (*Circulaire interministérielle du 22 août 1914.*)

Le fait de posséder une petite maison ou un petit lopin de terre, de payer quelques francs d'impôt foncier ou une petite patente, le fait d'être métayer ou fermier, ne suffit pas à exclure sans examen le demandeur du bénéfice de l'allocation. (*Circulaire interministérielle du 10 octobre 1914.*)

A retenir. — Premier point à retenir : il s'agit de s familles nécessiteuses *des mobilisés*, et non des mobilisables. Celles-ci ne pourront être admises à toucher l'allocation qu'à partir de la convocation du soutien de famille. D'un autre côté, l'application de la loi du 5 août 1914 a été étendue aux *familles des engagés volontaires.* (*Circulaire interministérielle du 10 octobre 1914.*)

Enfin, au mois d'avril 1915, le ministre de l'Intérieur, d'accord avec son collègue de la guerre, décida que les familles nécessiteuses des soldats et caporaux *rengagés* pourraient prétendre aux indemnités prévues par la loi du 5 août. (*Circulaire du 17 avril 1915.*)

Quel que soit le sort du militaire. — Les allocations et majorations sont accordées pendant toute la durée de la guerre et sont dues « quel que soit le sort du militaire ».

En conséquence, les allocations doivent être maintenues aux familles nécessiteuses des militaires, même si leurs soutiens sous les drapeaux, sont :

1° Tués à l'ennemi ;

2° Disparus ;

3° En congé de convalescence ;

4° Renvoyés dans leurs foyers.

Dans ce dernier cas, il faut distinguer :

a) Le militaire renvoyé dans ses foyers a obtenu un congé de réforme n° 1 ; il reçoit par suite une gratification ou pension de réforme du ministère de la guerre. Dès lors, sa situation se trouvant modifiée doit être examinée à nouveau par les commissions cantonales qui décident si l'allocation journalière doit ou non être maintenue.

En cas de suppression, la décision ne pourra partir que du jour de l'attribution de la gratification ou de la pension.

b) Pour les familles nécessiteuses des réformés n° 2 ou des hommes mis en réforme temporaire, le Gouvernement a décidé, en avril 1915, de les faire bénéficier de la loi du 5 août.

Mais lorsque le réformé n° 2, de retour dans ses foyers, a retrouvé un traitement ou un salaire, ou d'une façon générale, la situation qu'il avait avant la guerre, les préfets provoquent par voie d'appel leur radiation de la liste des allocataires.

c) Pour les hommes mobilisés, mis par l'autorité militaire à la disposition de certaines industries indipensables à la défense ou à la vie nationale (fabrication du matériel de guerre, ouvriers boulangers, minotiers... etc.) la circulaire interministérielle du 10 octobre 1914 a décidé que « ces hommes touchant leurs salaires, leurs familles ne sauront dès lors prétendre au bénéfice de la loi : les allocations revivront *ipso facto* lors d'une nouvelle convocation sous les drapeaux. »

Cependant, (*Circulaire du 30 mars 1915*) certains

de ces hommes sont, en fait, éloignés de leur résidence habituelle et, par suite, dans l'impossibilité d'envoyer des subsides à leur femme et à leurs enfants. Le Gouvernement a alors estimé qu'il pouvait y avoir, en ce cas, une véritable injustice à priver leurs familles des allocations prévues par la loi, et a décidé que leur situation pourrait être à nouveau examinée par les commissions cantonales.

Les familles nécessiteuses des alliés, en France, et les familles nécessiteuses françaises à l'étranger. — Un décret du Président de la République, en date du 14 août 1914, décide que les dispositions de la loi du 5 août 1914, accordant pendant la durée de la guerre des allocations aux familles nécessiteuses dont le soutien serait sous les drapeaux, sont étendues :

1° Aux familles nécessiteuses anglaises, belges, russes ou serbes résidant en France, et dont le soutien a été appelé ou rappelé ou s'est engagé volontairement sous les drapeaux de son pays ;

2° Aux familles nécessiteuses dont le soutien, à *quelque nationalité qu'il appartienne*, a été admis à contracter un engagement dans l'armée française pour la durée de la guerre ;

Les dispositions de la loi du 5 août 1914 sont également étendues aux familles, résidant à l'étranger, des militaires français, appelés rappelés ou engagés volontairement.

Pour bénéficier de ces dispositions, ces familles adressent une demande au consul de France de leur circonscription. Le paiement est effectué par les soins de ces consuls.

Les allocations ne sont accordées que sous déduction du montant des allocations de même nature qui seraient attribuées par des gouvernements étrangers.

Les familles nécessiteuses des victimes civiles. — Une loi du 9 avril 1915 a décidé que le bénéfice de la loi du 5 août 1914 serait étendu à toute famille nécessiteuse dont le soutien indispensable aura été tué ou emmené en captivité au cours des événements de guerre ou qui, se trouvant en territoire ennemi au moment des hostilités, aura été retenu comme prisonnier.

Il est également étendu aux familles nécessiteuses des marins du commerce privés de leurs salaires, à la suite de la capture ou de la destruction de leur navire, pour la période comprise entre le jour de cette capture ou destruction et celui de leur débarquement dans un port français.

Sont exclues. — Les familles :

1° Des employés et agents des diverses administrations de l'Etat ; des ouvriers de manufactures et arsenaux dépendant également de l'Etat, qui continuent à toucher pendant la durée de la guerre, les traitements ou salaires dont ils jouissaient avant la mobilisation ;

2° Des employés des administrations départementales et communales *au cas où* ceux-ci bénéficient de la part du département ou de la commune, de la même mesure de faveur ;

3° Des employés et ouvriers dont les salaires seraient maintenus *intégralement* par les patrons au profit de leurs familles pendant la durée de la guerre.

Toutefois, (*Circulaire interministérielle du 30 mars 1915*) les employés des deux premières catégories c dessus pourront opter, au profit de leurs familles, entre leurs traitements ou salaires et le montant des indemnités fixées par la loi du 5 août 1914. Cette option ne pourra s'exercer qu'après que les allocations et majorations prévues par la loi auront été accordées par les commissions.

Sont exclues également les familles des officiers, des sous-officiers à solde mensuelle, des gendarmes et des sous-officiers rengagés

CHAPITRE II

Dans la pratique.

Le Gouvernement a recommandé (*Circulaire ministérielle du 22 août 1914*) pour l'attribution des allocations et des majorations *une procédure rapide* dont les diverses phases sont les suivantes :

La demande :

1° *La demande* portant la signature du postulant doit être adressée au maire de la résidence de celui-ci. En principe, elle doit être accompagnée d'une pièce établissant la présence sous les drapeaux du mobilisé (carte de convocation ou certificat de présence au corps.)

Quel peut être le postulant ? — Chaque militaire ne peut donner lieu à l'allocation principale de 1 fr. 25 qu'au profit d'une seule personne considérée comme chef de famille. Il importe donc de choisir comme titulaire de cette allocation celui des postulants qui est le plus digne en même temps que le mieux placé pour en faire profiter avec lui les autres personnes majeures ou mineures pouvant être considérées, en droit ou en fait, comme membre de la famille du militaire.

D'autre part, toute famille habitant en commun n'a

droit qu'à une seule allocation principale quel que soit le nombre de ses soutiens présents sous les drapeaux.

Peut prétendre à recevoir une allocation journalière toute personne ayant un lien de droit avec le soldat, telle que épouse, père, mère, ascendant ou collatéral, si cette personne est, en réalité, le chef de la famille nécessiteuse et prouve que le militaire était avant son incorporation le soutien unique ou principal de la famille.

Toutefois, dans ces cas exceptionnels, les commissions cantonales et les commissions d'appel auront à apprécier s'il n'y aurait pas lieu d'admettre au bénéfice des allocations et majorations une personne sans lien de droit avec le militaire, mais qui prouverait qu'en fait elle vivait à son foyer et dans des conditions de moralité satisfaisante et qui pourrait dès lors soit isolément, soit avec des ascendants, collatéraux et enfants vivant au même foyer, être considérée comme constituant dans l'esprit de la loi la famille dont le militaire était le soutien unique ou principal

Peuvent donner lieu à l'octroi des majorations de 50 centimes par jour :

a) Les enfants de moins de seize ans laissés par le militaire à la charge du bénéficiaire de l'allocation principale ;

b) Les enfants de moins de seize ans qui, au moment de l'incorporation, étaient à la charge du militaire mobilisé alors même que la personne qui les aurait recueillis et pris à sa charge n'aurait pas droit à l'allocation principale.

2° La demande est transmise par le maire avec son avis motivé et dans le moindre délai au président de la commission cantonale (ou, pour Paris, d'arrondissement) — commissions de trois membres nommées par les Préfets par application du décret du 4 août 1914.

L'avis motivé résulte d'une enquête sur la situation matérielle du postulant, à la suite de la présence sous les drapeaux, dûment établie, du soutien de famille.

Cette dernière attestation, en ce qui concerne les militaires belges, russes, anglais et serbes devra être fournie autant que possible par les représentants diplomatiques ou consulaires de leurs nations (*Circulaire du 22 août 1914.*)

3° Les familles nécessiteuses ont le droit, sur leur demande, soit personnellement, soit par des mandataires dûment autorisés par elles, *mais remplissant cette mission à titre absolument gratuit*, de soutenir leur cause, soit devant la commission cantonale, soit devant la commission d'appel (*Circutaire du 5 février 1915*).

4° Le postulant est avisé à la mairie par la délivrance ou par le refus du certificat d'admission au bénéfice des allocations ou majorations.

5° Appel peut être formé soit par le postulant contre une décision de rejet, soit par le sous-préfet contre une admission qu'il juge abusive. Aucun délai n'est prévu pour ces appels.

6° Il est statué sur chaque appel par une commission d'appel siégeant, sauf cas de force majeure, à la sous-préfecture. Cette commission est composée de cinq membres désignés par le Préfet. Le sous-préfet avise l'intéressé par l'intermédiaire du maire de la résidence.

7° Enfin, le postulant a une dernière ressource :

s'adresser à la commission supérieure instituée au ministère de l'intérieur par la loi **du 26 décembre 1914**. C'est un dernier recours contre les décisions de *rejets* rendues par les commissions d'appel.

La même voie est ouverte aux préfets contre les décisions d'admission ou de rejet.

Le postulant adresse au sous-préfet, soit directement, soit par l'intermédiaire du maire de sa résidence, une demande exposant ses motifs et portant sa signature ou, à défaut, une croix au bas de laquelle deux témoins auront attesté que l'intéressé ne sait pas signer.

Aucun délai n'est prévu pour ce recours.

En cas d'admission. — Des certificats sont établis par les soins de la sous-préfecture et remis par l'intermédiaire des maires aux intéressés qui devront immédiatement les revêtir de leur signature et les conserver soigneusement pendant toute la durée de la guerre.

Le taux de l'allocation. — On ne peut, en aucun cas, réduire les taux d'allocations ou de majorations qui qui restent fixés, l'un à 1 fr. 25, l'autre à 0 fr. 50 (*Circulaire interministérielle du 10 octobre 1914*).

Le Gouvernement a donné des instructions formelles aux préfets pour que la loi fût rigoureusement observée, les rancunes locales écartées, et l'arbitraire des commissions cantonales réprimé.

Certaines commissions, en effet, dosaient, selon les circonstances, le taux des allocations ou des majorations, accordaient la majoration et refusaient l'allocation ou réduisaient celle-ci à un franc.

Or, les commissions sont simplement chargées de déclarer si une famille est ou non nécessiteuse ; dès qu'une famille est admise au bénéfice de la loi, on lui doit nécessairement 1 fr. 25 pour la femme et 0 fr. 50 pour chaque enfant de moins de seize ans à la charge du mobilisé (1).

Point de départ de l'allocation. — Le point de départ tant de l'allocation principale que des majorations a été fixé au 2 août 1914 pour les demandes présentées dans le courant du mois d'août et à *partir du jour de la demande pour celles formées ultérieurement.*

Cependant une règle spéciale a été adoptée en faveur des familles qui, en raison de l'occupation ou de la menace d'occupation de l'ennemi, ont dû quitter leur domicile habituel et n'ont pu former, pendant les mois d'août et de septembre, leur demande d'allocation. Le point de départ de ces allocations est alors fixé au jour de la mobilisation, soit au 2 août. » (*Circulaire du 8 janvier 1915.*)

Les payements. — Au lieu d'être afférents à un mois entier, les payements correspondent en principe à une période de 28 jours, laquelle est réduite à 16 jours dans les villes comprenant un grand nombre d'allocataires. Ces périodes, qui ne correspondent exactement ni au mois, ni à la quinzaine, ni à la semaine, ont été choisies dans le but de supprimer les fractions de franc dans le résultat des décomptes, ce qui facilite les liqui-

---

(1) Toutefois, pour *l'aîné* de ces enfants, le ministre de l'Intérieur, au mois de mai 1916, a décidé que l'allocation de 1 fr. 25 lui serait accordée au lieu et place de la majoration de 50 centimes, soit que ces enfants vivent seuls au foyer, soit qu'ils aient été recueillis par des parents ou par des tiers.

dations, permet aux comptables de procéder plus rapidement aux payements et diminue d'autant les attentes imposées aux intéressés...

Lorsque le nombre des parties prenantes est trop élevé pour que les caisses publiques puissent matériellement effectuer la totalité des payements en une seule journée, des dispositions sont prises pour échelonner lesdits payements sur plusieurs journées précédant et suivant l'expiration de la période. Dans ce cas et afin d'éviter des attentes prolongées devant les guichets, les intéressés sont convoqués par séries dans l'ordre des numéros des certificats d'admission. (*Circulaire interministérielle du 22 août 1914.*)

Le paiement des indemnités accordées *avec effet rétroactif* est effectué *par fractions* (la somme pouvant être importante), à moins que la commission supérieure ou les commissions d'appel n'en aient décidé autrement. (*Circulaire du ministre de l'Intérieur du 12 mars 1915.*)

Un allocataire peut-il continuer de toucher et travailler pour augmenter ses ressources ? — A cette question qui s'est posée pendant les premiers mois de l'application de la loi, le ministre de l'Intérieur a répondu, s'adressant aux préfets :

« Il importe qu'il soit remédié autant que possible à la situation que me signalent un certain nombre de vos collègues et qui est des plus préjudiciables aux intérêts économiques du pays.

« Il s'agit des difficultés qu'on rencontre depuis l'application de la loi du 5 août 1914 dans le recrutement de la main-d'œuvre nécessaire dans les villes et indis pensable dans les campagnes à la culture des champs et des vignobles.

« Il n'est pas douteux qu'un grand nombre de bénéficiaires de ces allocations abandonnent leurs anciennes occupations ou n'en recherchent pas d'autres, soit par crainte de voir supprimer leurs allocations ou majorations, soit parce que le montant de ces indemnités leur permet de faire face à leurs besoins.

« En vue d'enrayer le mal, je vous serai obligé d'agir personnellement et par l'intermédiaire des maires auprès des familles des mobilisés et de leur faire comprendre notamment que le fait de se procurer par le travail un supplément de ressources n'est pas une cause suffisante de la suppression de l'allocation.

« ... On peut concilier le maintien de l'allocation et des majorations avec la rémunération normale provenant du travail personnel de la femme du mobilisé. » (*Circulaire du ministre de l'Intérieur du 8 janvier 1915.*)

Le 6 mai 1915, le ministre de l'Intérieur a de nouveau fait savoir aux préfets qu'en aucun cas les allocations accordées en vertu de la loi du 5 août 1914, ou celles attribuées à titre de secours aux réfugiés, ne pourront être retirées aux familles qui se procureront, en participant aux travaux des champs, des ressources supplémentaires.

Un allocataire peut-il cumuler ? — L'octroi de l'allocation et des majorations journalières ne saurait faire obstacle à la continuité des sommes allouées par les bureaux de bienfaisance ou des allocations accordées aux familles nombreuses par application de la loi du

14 juillet 1913 et aux femmes en couches en vertu de la loi du 17 juin 1913. *(Circulaire interministérielle du 10 octobre 1914.)*

Les majorations de 50 centimes accordées, à l'exclusion de l'allocation principale, aux personnes ayant recueilli l'enfant d'un mobilisé pourront se cumuler avec le montant des secours temporaires préventifs d'abandon prévus par la loi du 27 juin 1904 sur le service des enfants assistés. *(Circulaire du ministre de l'Intérieur du 1ᵉʳ mai 1915.)*

Dans le cas où un vieillard, inscrit sur la liste d'assistance obligatoire, en vertu de la loi du 14 juillet 1905, était à la charge exclusive du fils mobilisé, il devra recevoir l'allocation journalière de 1 fr. 25 et sera rayé de la liste d'assistance. Dans le cas où il était à la charge partielle de son fils, et si déduction a été opérée de sa quote-part lors de l'attribution de l'allocation mensuelle d'assistance, il pourra opter entre le taux plein de la loi de 1905 et le bénéfice de la loi du 5 août 1914. *(Circulaire du ministre de l'Intérieur du 30 octobre 1914.)*

En ce qui concerne le cumul par les réfugiés des allocations de soutien de famille avec les secours en nature « il ne saurait être autorisé d'une manière générale, mais son interdiction absolue serait inversement trop rigoureuse ». C'est aux préfets de juger. *(Circulaire du ministre de l'Intérieur du 17 novembre 1914.)*

Allocataires qui peuvent prétendre à une pension. — Dans le cas où, par suite d'un décès, les allocataires auraient droit à une pension à la charge de l'Etat, des départements, colonies ou pays dé protectorat, communes ou établissements publics, le cumul ne pourra s'exercer.

Le droit à la pension sera ouvert et liquidé à compter du lendemain du décès. Mais la jouissance des arrérages sera suspendue jusqu'à la cessation du régime des allocations.

Dans le cas où les intéressés opteraient pour le régime des pensions, ils pourront néanmoins, à titre d'avance, toucher l'allocation jusqu'au jour où la liquidation de leur pension sera terminée. Ces avances seront précomptées sur les premiers arrérages touchés.

Si la pension n'est point à la charge du Trésor public, la collectivité ou l'établissement débiteur remboursera à l'Etat une somme égale au montant des arrérages frappés de suspension ou aux allocations servies à titre d'avance, suivant que la quotité de l'allocation aura été supérieure ou inférieure à celle de la pension. (*Loi du 9 avril 1915.*)

Changement de résidence des allocataires. — Il a été prévu qu'un certain nombre de familles nécessiteuses, dont les soutiens sont présents sous les drapeaux, pourront être éloignées de leur résidence habituelle, notamment parce qu'elles seront évacuées comme bouches inutiles sur d'autres points du territoire ou bien rapatriées dans les départements dont elles sont originaires.

Le paiement des allocations et majorations auxquelles ces familles auront été reconnues avoir droit leur sera continué sans délai dans les communes où elles se seront retirées, sans qu'il soit besoin de procéder à nouveau aux enquêtes et formalités préalables.

L'admission prononcée dans le lieu de la résidence antérieure doit être considérée comme valable dans la nouvelle résidence.

Dans le cas où le certificat d'admission aurait été perdu, il y aurait lieu pour le bénéficiaire de former une nouvelle demande qui serait examinée dans sa nouvelle résidence par la commission cantonale (*Circulaire du ministre de l'Intérieur du 21 septembre 1914.*)

Comment on perd le droit à l'allocation :

a) L'allocation ou la majoration ne peut être conservée qu'autant que persiste la situation nécessiteuse de la famille qui l'a obtenue. En conséquence, le maire de chaque commune est tenu d'informer le sous-préfet des changements survenus dans la situation des familles auxquelles une allocation ou des majorations ont été attribuées. Le sous-préfet demande, s'il y a lieu, à la commission cantonale et, en cas de décision contraire de celle-ci, à la commission d'appel, de prononcer la suppression d'une allocation ou d'une majoration. Il y a lieu notamment à la suppression d'une majoration quand un enfant cesse d'être de ceux qui étaient à la charge du militaire ou quand un enfant atteint seize ans.

b) *L'alcoolisme.*

Le 24 mars 1915, le ministre de l'Intérieur a appelé l'attention des préfets sur les bénéficiaires de la loi du 5 août qui emploient une partie de l'argent à un usage abusif de l'alcool.

Le 19 avril, il leur a ordonné de « ne pas hésiter à

faire prononcer le retrait de l'allocation journalière toutes les fois que la femme du mobilisé — n'ayant pas d'enfant — fait de l'indemnité qui lui est accordée un usage contraire à sa destination ».

S'il y a un ou des enfants, « au lieu de demander aux commissions la suppression de ces allocations, dit le ministre, vous les maintiendrez à la famille du mobilisé : toutefois, ces indemnités ne devront pas être versées entre les mains de la mère de famille ; le montant en sera au contraire mandaté au nom de l'inspecteur des enfants assistés du département. Celui-ci le fera tenir à la tierce personne que vous chargerez du soin d'exercer une protection en quelque sorte morale sur les enfants, et d'assurer, en outre, l'entretien matériel de la famille entière. Je dois ajouter cependant que cette mesure ne devra être prise qu'après que des recommandations et avertissements auront été adressés aux mères de familles et seront restés sans effet. »

DEUXIÈME PARTIE

Les allocations aux réfugiés.

Ici, il n'y a ni loi, ni décret.

Ce sont des circulaires du ministre de l'Intérieur aux préfets ou aux maires qui ont institué le régime applicable aux réfugiés français ou alliés, ainsi qu'aux étrangers évacués sur des départements de l'intérieur. Nous ne nous occuperons ici que de la première catégorie.

Les instructions — que nous allons résumer — qui ont été données par le ministre à l'administration, mettront les réfugiés au courant du concours matériel et moral sur lequel ils peuvent compter, de la part des autorités, là où ils sont provisoirement installés.

Une circulaire du ministre aux maires de France, en date du 1er décembre 1914, indique très clairement quelles avaient été jusqu'alors les préoccupations du Gouvernement en ce qui concerne ces malheureuses victimes de la guerre, et quel doit continuer d'être le souci de l'administration à leur égard :

En nature, en argent. — Le principe essentiel de l'assistance aux réfugiés sans ressources, dit cette circulaire, est que l'Etat français doit pourvoir, avec le concours patriotique des populations, à leur logement, à leur subsistance et à leur entretien. Les réfugiés doivent, autant que possible, être logés de préférence chez l'habitant, plutôt que dans des locaux collectifs, où ils ne pourraient généralement trouver le même confort matériel et moral.

La nourriture doit leur être fournie, soit au moyen de cantines communales, soit à la table des habitants qui les logent (et qui, dans ce cas, ont droit à une indemnité représentative de leurs dépenses) soit sous la forme d'une allocation remise aux intéressés eux-mêmes, et dont ils font directement emploi pour leur subsistance.

Des distributions de vêtements chauds, de chaussures, de linge ou autres objets analogues de première nécessité ont déjà été faites : elles doivent être continuées, soit par l'entremise de la générosité publique, soit par les soins de l'administration.

L'assistance aux réfugiés comporte donc, comme on le voit, en raison même de sa complexité, tantôt l'octroi de secours en nature, tantôt l'allocation de secours en argent, tantôt la combinaison des uns et des autres, en proportion variable, suivant les régions.

L'expérience montre que l'assistance en nature assure d'une façon générale aux réfugiés des conditions supérieures à celles que peut leur procurer, dans les conditions où ils se trouvent, l'octroi d'allocations en argent.

Cependant, il est des circonstances qui peuvent recommander cette dernière forme de secours. En tout cas, l'équité commande de prendre pour base et pour commune mesure des dépenses effectuées sous une forme quelconque un chiffre d'allocation susceptible d'être considéré comme constituant, en quelque sorte, le droit commun en pareille matière.

Assimilation aux allocations militaires. — Ce chiffre, par analogie avec celui des allocations aux familles de mobilisés, a paru devoir être fixé à 1 fr. 25 par personne adulte et à 50 centimes par enfant au-dessous de seize ans.

En prenant ces chiffres pour base, il y a lieu, dans l'application, pour apprécier le montant du secours en argent qui devrait éventuellement être versé aux réfugiés secourus, d'en déduire l'estimation des prestations en nature dont ils bénéficient, soit pour le logement, soit pour la nourriture, tant du fait de l'assistance en nature assurée par l'Etat que du fait des organisations locales de bienfaisance, ou de la sollicitude privée.

De toute manière, la dépense totale pour les réfugiés adultes devra toujours être calculée sur la base de 1 fr. 25, et c'est cette somme de 1 fr. 25 qui devra être intégralement versée en l'absence de tout secours en nature.

Quand une partie des dépenses ainsi effectuées aura été assumée par des particuliers, des établissements charitables ou des organisations locales, à titre de contribution bénévole, le complément nécessaire sera fourni par l'Etat, et les maires auront à demander aux préfets soit de rembourser les avances qui auraient été faites à cette occasion par la caisse municipale, soit de mettre préalablement les fonds nécessaires à leur disposition.

« Les prescriptions qui précèdent, poursuivait la circulaire, se bornent à préciser des détails d'organisation, votre esprit de solidarité ayant su créer autour des victimes de la guerre une atmosphère d'affection et de fraternité.

« Au foyer hospitalier où, près de vous, vient s'abriter leur détresse passagère, je suis sûr que vous saurez, par vos sympathies empressées, affermir dans le cœur meurtri de ces familles éprouvées, la confiance avec laquelle elles attendent les réparations certaines de la justice et du droit. »

Transport gratuit. — Dans le but de permettre aux réfugiés de se créer une nouvelle situation au moins temporaire, les préfectures doivent délivrer des billets de transport gratuit à ceux de ces réfugiés sans ressources qui justifient avoir du travail assuré dans une autre localité.

Cette justification peut être produite sous la 'forme d'une simple lettre d'un patron, industriel, commerçant ou agriculteur.

La question du travail pour les réfugiés. — Les difficultés résultant de la mauvaise volonté opposée par certains réfugiés à rechercher du travail et même le refus apporté par quelques-uns à des offres de travail, a motivé une circulaire du ministre de l'Intérieur en date du 4 janvier 1915.

Cette circulaire dispose que l'assistance doit être refusée ou retirée à tout réfugié qui refuserait, sans mo-

tifs valables, le travail convenablement rémunéré qu
lui serait offert.

Pour créer une prime au travail, il est admis que le
salaire peut se cumuler avec l'assistance tant qu'il
n'atteint pas une certaine limite qui est laissée à l'appréciation des préfets en raison des conditions d'existence spéciales à chaque région, et de la situation de
famille des réfugiés.

Une circulaire du 5 mai 1915 dispose, en outre, que
les allocations attribuées au titre de secours aux réfugiés ne peuvent être retirées aux familles qui se pro-
curent des ressources supplémentaires en participant
aux travaux des champs.

Les réfugiés belges. — Une circulaire ministérielle
du 2 janvier 1915, sur le désir exprimé par le Gouvernement belge, a invité les préfets à supprimer tout
secours aux Belges de 18 à 30 ans, valides et céliba-
taires qui refusent de contracter un engagement dans
leur armée nationale.

*
* *

Ainsi qu'on vient de le voir différentes sortes d'assistance étaient prévues pour venir en aide aux réfugiés.
Des difficultés matérielles ont amené l'administration
à renoncer aux secours en nature pour ne conserver
que l'allocation en espèce. Les cantines communales
créées en assez grand nombre au début de la guerre ont
presque toutes disparu ; il en reste à peine une dizaine
en France.

Dans la pratique, il est maintenant attribué uniformément une allocation quotidienne de 1 fr. 25 aux refugiés adultes et de 50 centimes aux enfants de moins de seize ans, sans tenir compte des secours en nature que des œuvres privées peuvent accorder à ces malheureuses victimes de la guerre.

TROISIÈME PARTIE

Les allocations de chômage.

Le Gouvernement préoccupé d'assurer aux chômeurs un secours immédiat a institué dès le 20 août 1914 un « Fonds national de chômage ». Ce jour même, le président du Conseil adressait aux préfets une circulaire relative aux modalités à envisager pour l'attribution de ces secours.

Ceux qui peuvent prétendre au chômage. — Un décret du 24 novembre 1914 dispose que ne seront admis aux secours « que les chômeurs qui justifient avoir exercé pendant une période assez longue ayant précédé immédiatement la mobilisation générale, une profession dont ils tiraient un salaire régulier et dont l'état de guerre a suspendu l'activité ».

Ceux qui sont exclus. — Ne peuvent recevoir l'allocation de chômage :

1° Les personnes qui, sans motif valable, refusent un emploi qui leur est offert ;

2° Celles qui bénéficient des allocations dues aux familles des militaires en vertu de la loi du 5 aout 1914 ou de l'assistance aux vieillards, aux infirmes et aux incurables instituée par la loi du 14 juillet 1905.

L'admission aux secours est prononcée par une commission nommée par le préfet ou par le maire, suivant que le fonds de chômage est départemental ou communal, et comprenant parmi ses membres des patrons et des ouvriers, en nombre égal.

Taux. — Le taux des secours ne peut dépasser par jour 1 fr. 25 pour chaque chômeur chef de ménage, ni 0 fr. 50 pour chacune des autres personnes en chômage dans le même ménage, ou à la charge du chef de ménage.

Sont présumés à la charge du chef de ménage les enfants de moins de 16 ans, ne travaillant pas, ou dont le salaire est inférieur à 50 centimes par jour.

Paiement. — En principe, les secours de chômage doivent être versés à terme échu, et sous déduction, s'il y a lieu, des journées pendant lesquelles les bénéficiaires auraient été employés à un travail salarié ou pour lesquelles ils ne se seraient pas conformés aux formalités prescrites pour la constatation de leur état de chômage. Il pourra être admis toutefois que les secours seront maintenus aux chômeurs occupés dans les ouvroirs, ateliers de charité, etc... lorsque cette occupation ne donne lieu qu'à des allocations en espèces ou en nature dont la valeur n'excède pas 50 centimes par jour (*Circulaire du 24 novembre 1914, Journal officiel du 8 décembre*).

Formalités. — Pour l'admission aux secours, les

intéressés devront produire autant que possible des certificats émanant des patrons qui les ont occupés. La production de ces certificats ne dispense pas d'une enquête. En outre, la situation des personnes secourues est vérifiée à des intervalles aussi rapprochés que possible.

Les commissions de chômage sont fondées à exiger que le bénéficiaire d'une allocation se fasse inscrire et vienne périodiquement aux heures habituelles de travail se présenter à un bureau de placement désigné. L'inobservation de cette règle peut entraîner une privation partielle des allocations.

TABLE DES MATIÈRES

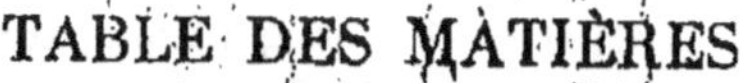

Saint-Amand. (Cher). — Imprimerie BUSSIÈRE